DIESES BUCH GEHÖRT

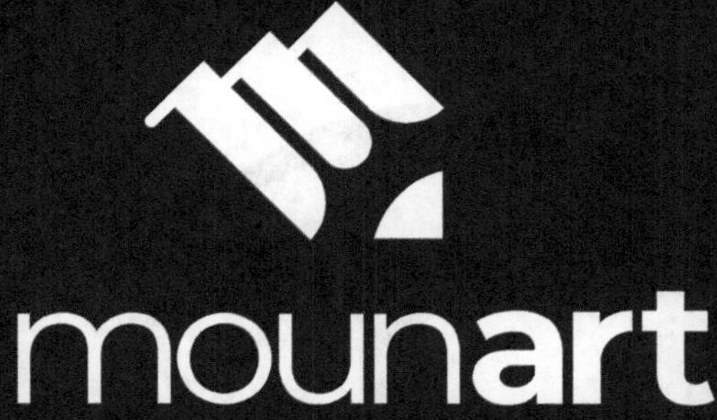

Wir hoffen, dass dieses Malbuch Spaß gemacht hat. bitte wenn es dir gefällt,

Erwägen Sie, uns mit einem positiven Feedback zu amazon zu unterstützen.

Wir würden es sehr schätzen.

Vielen Dank.

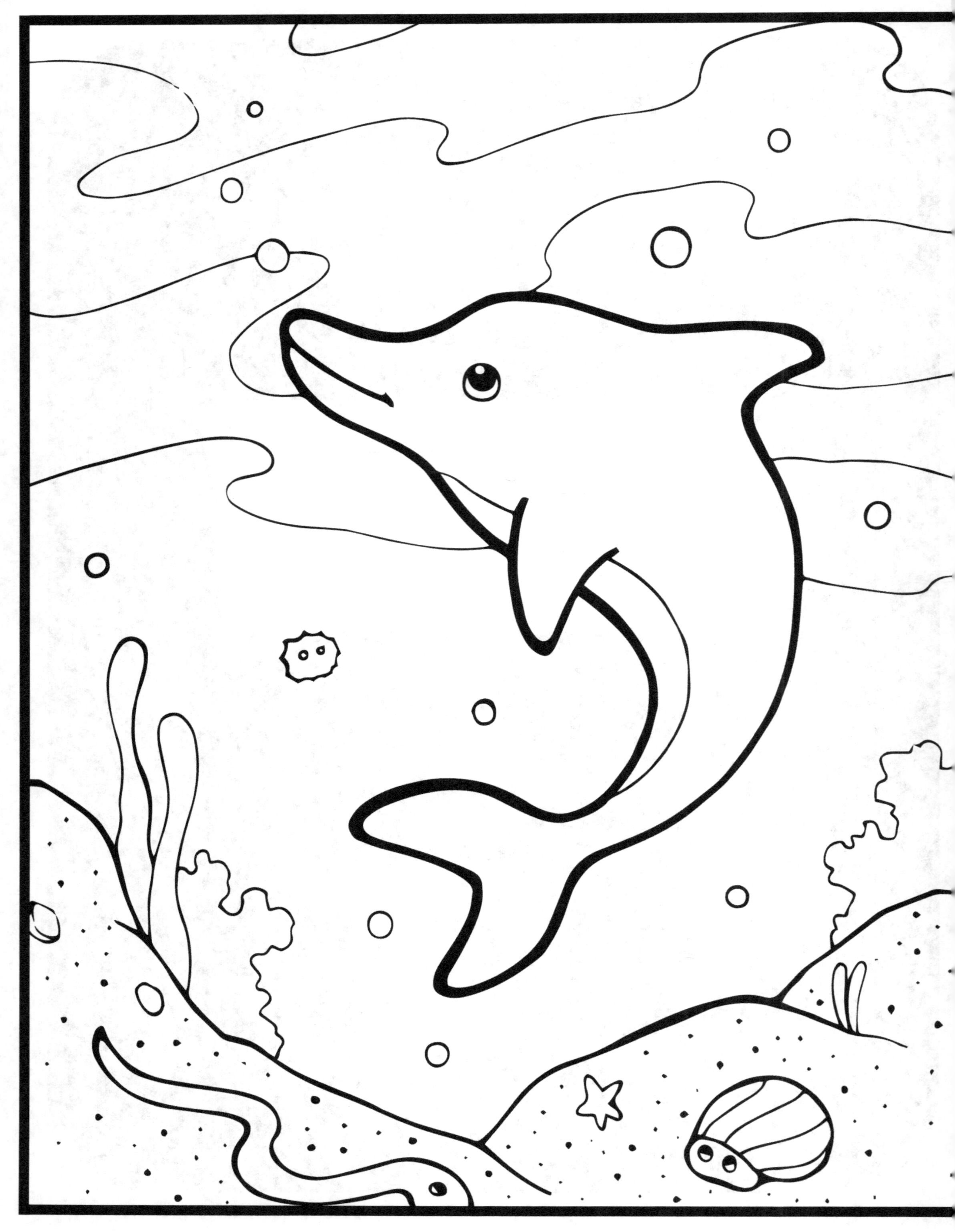

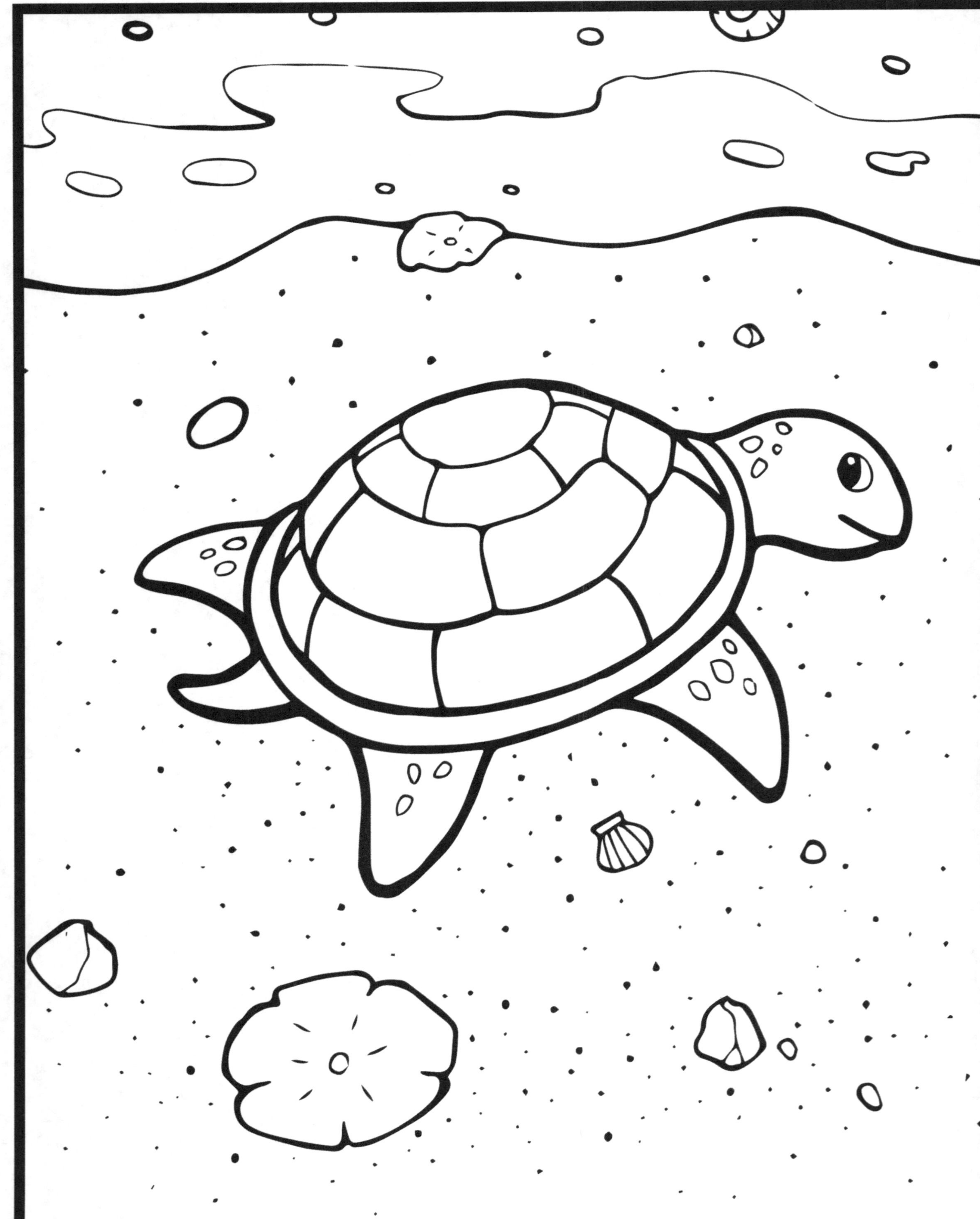

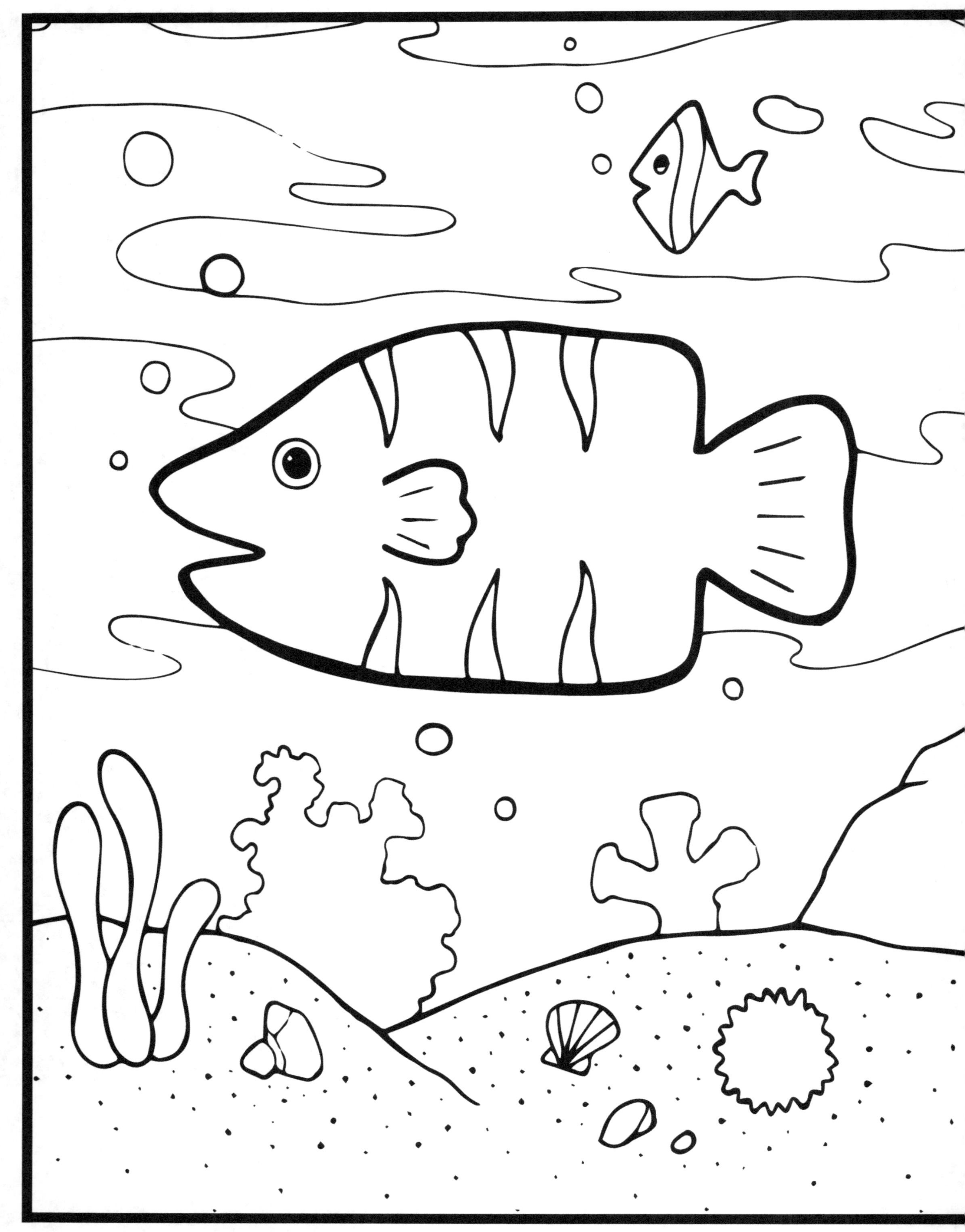

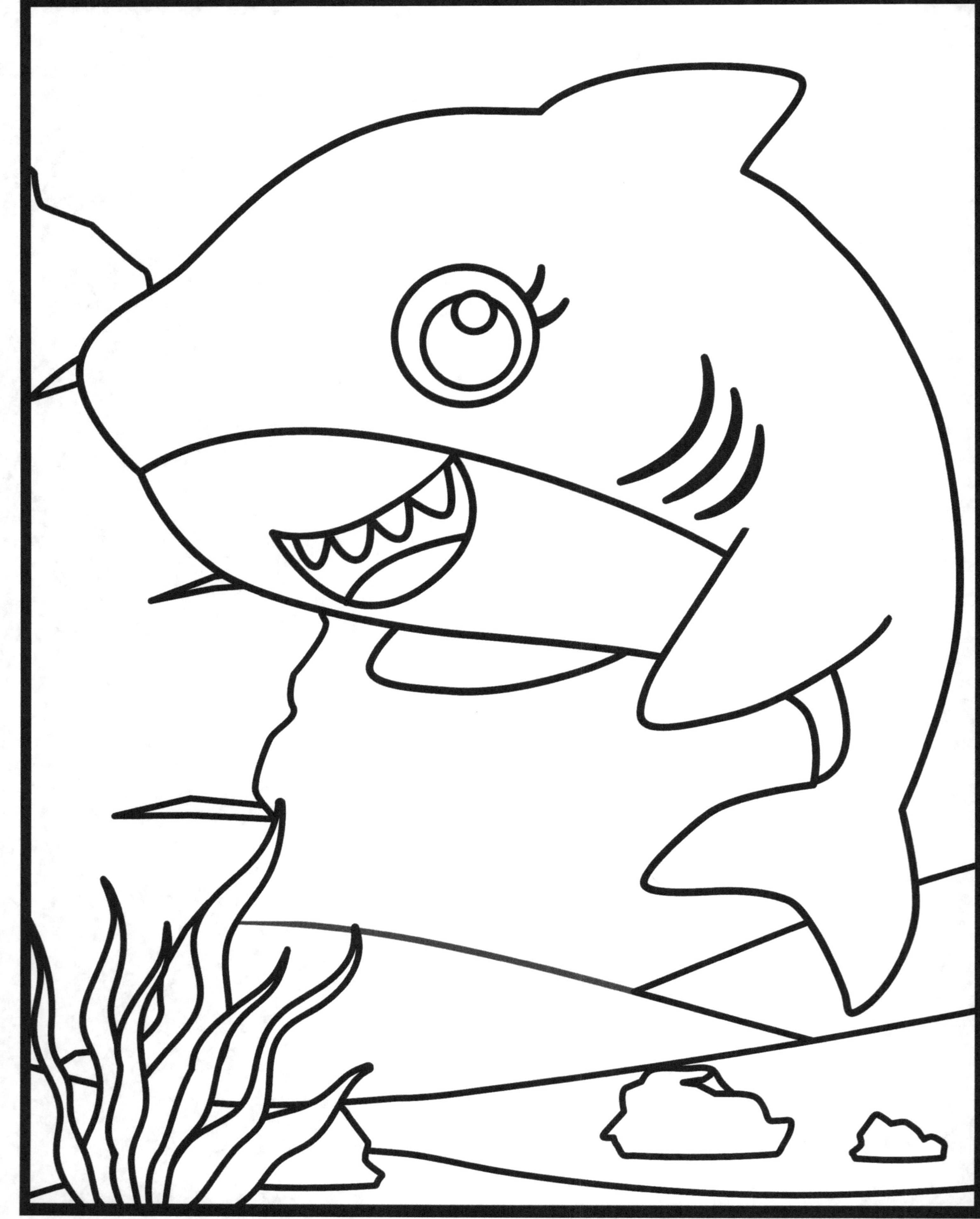

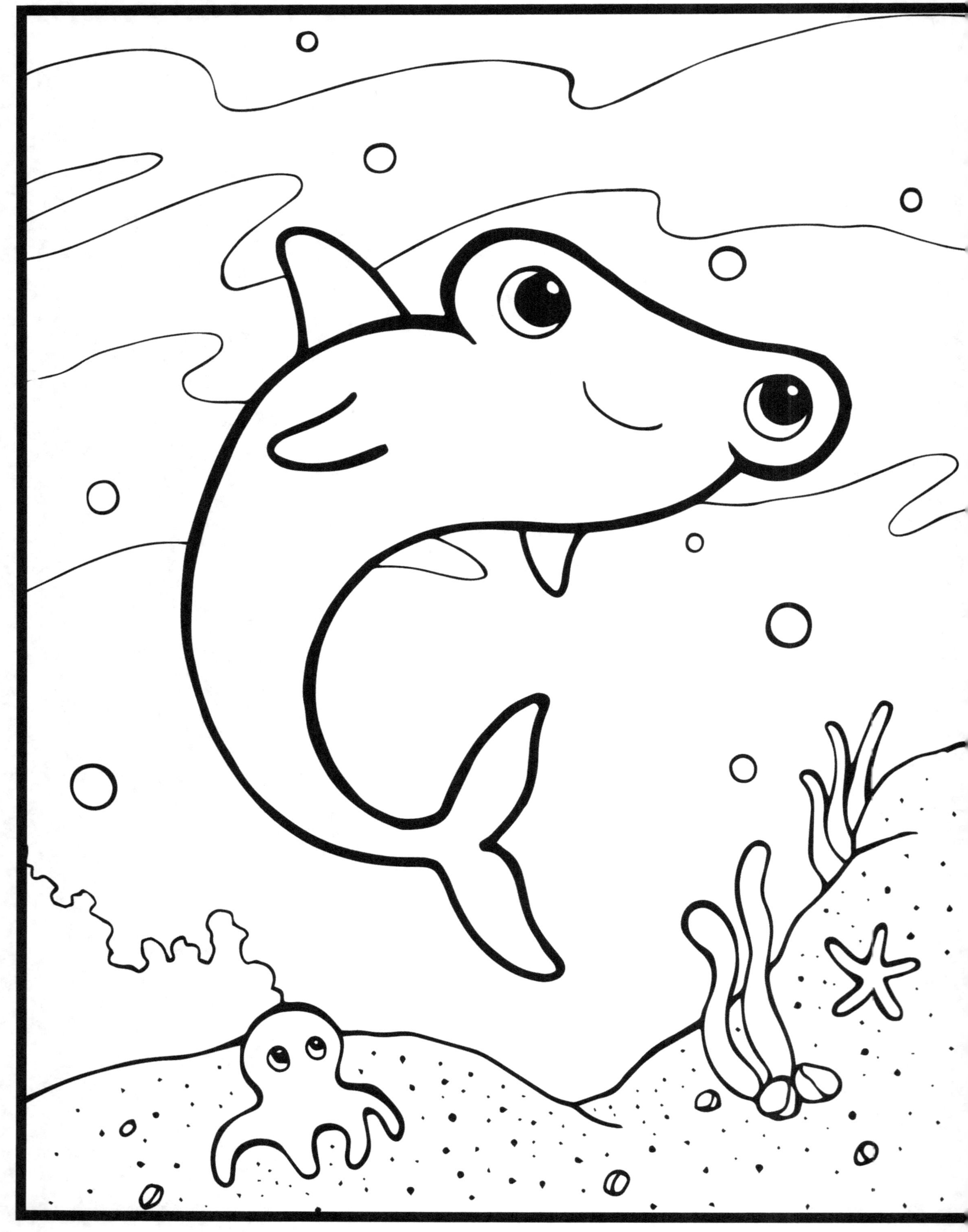

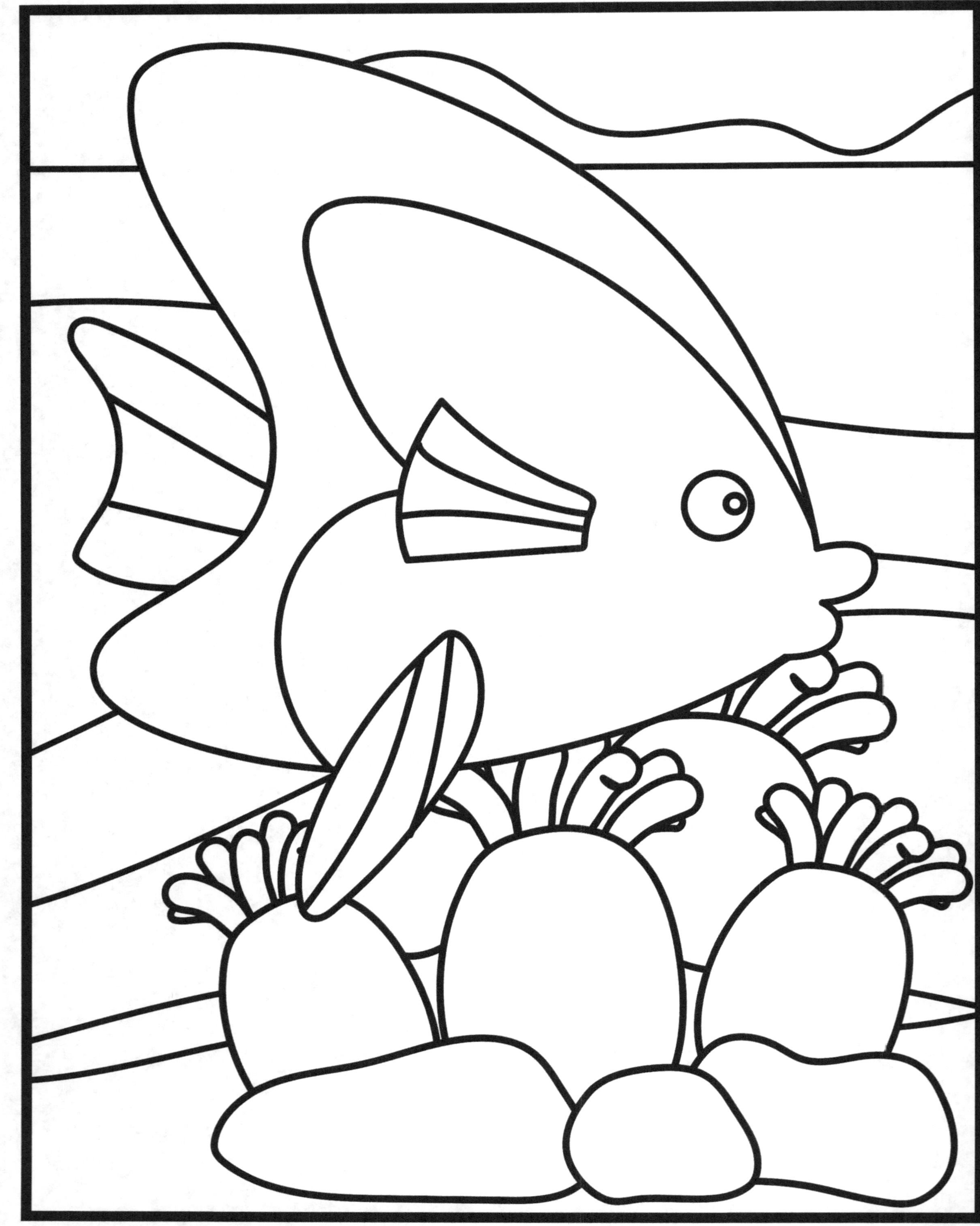

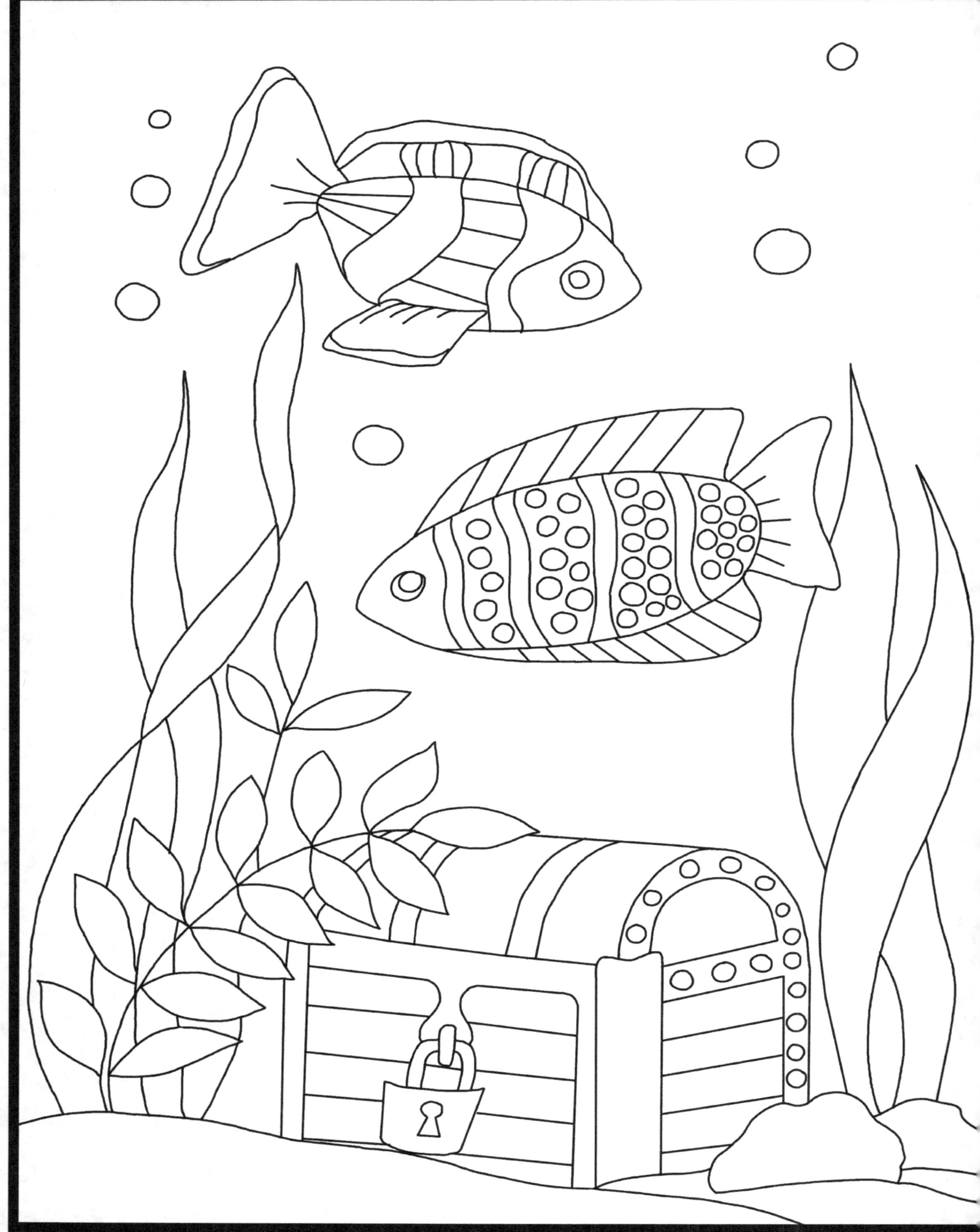

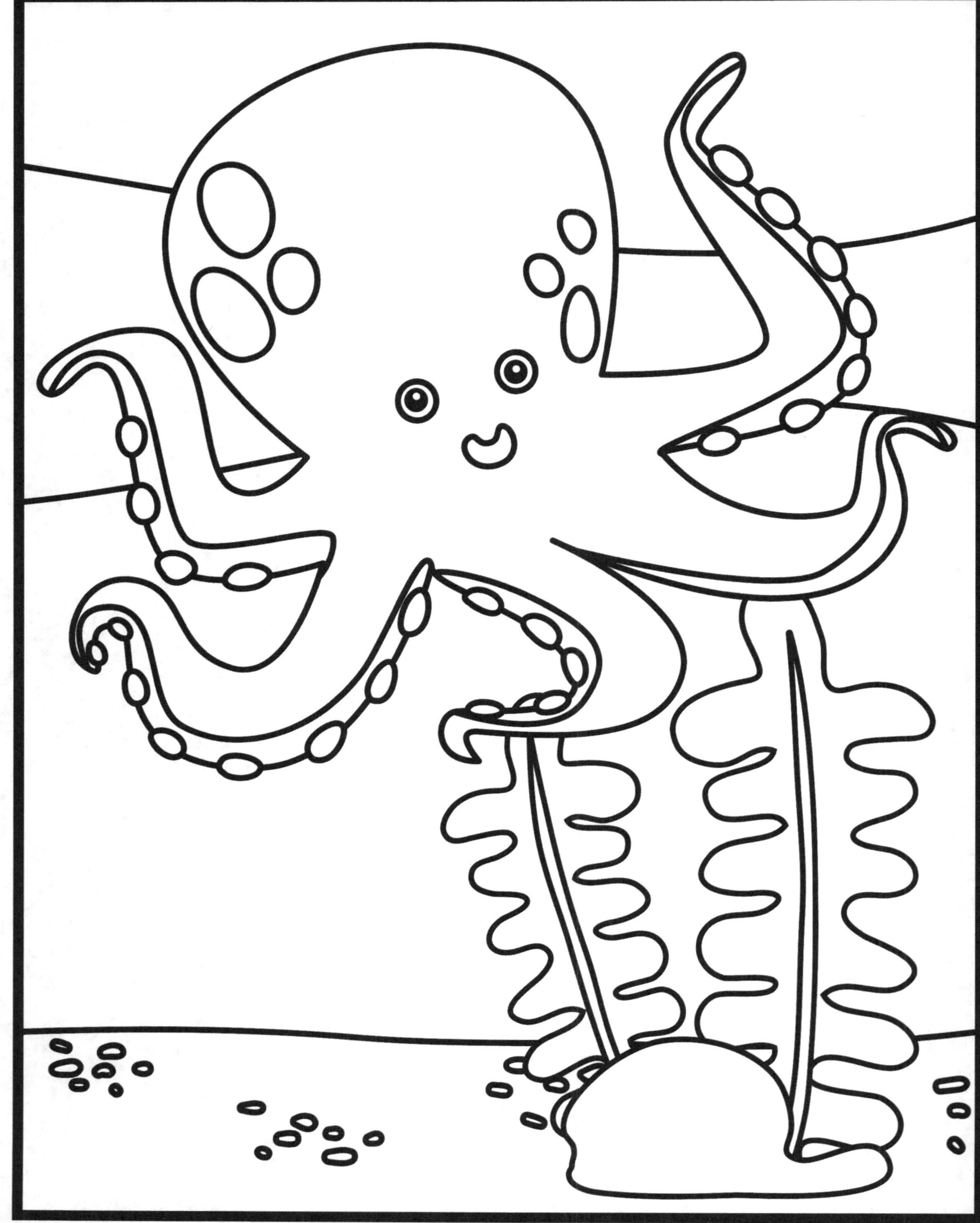

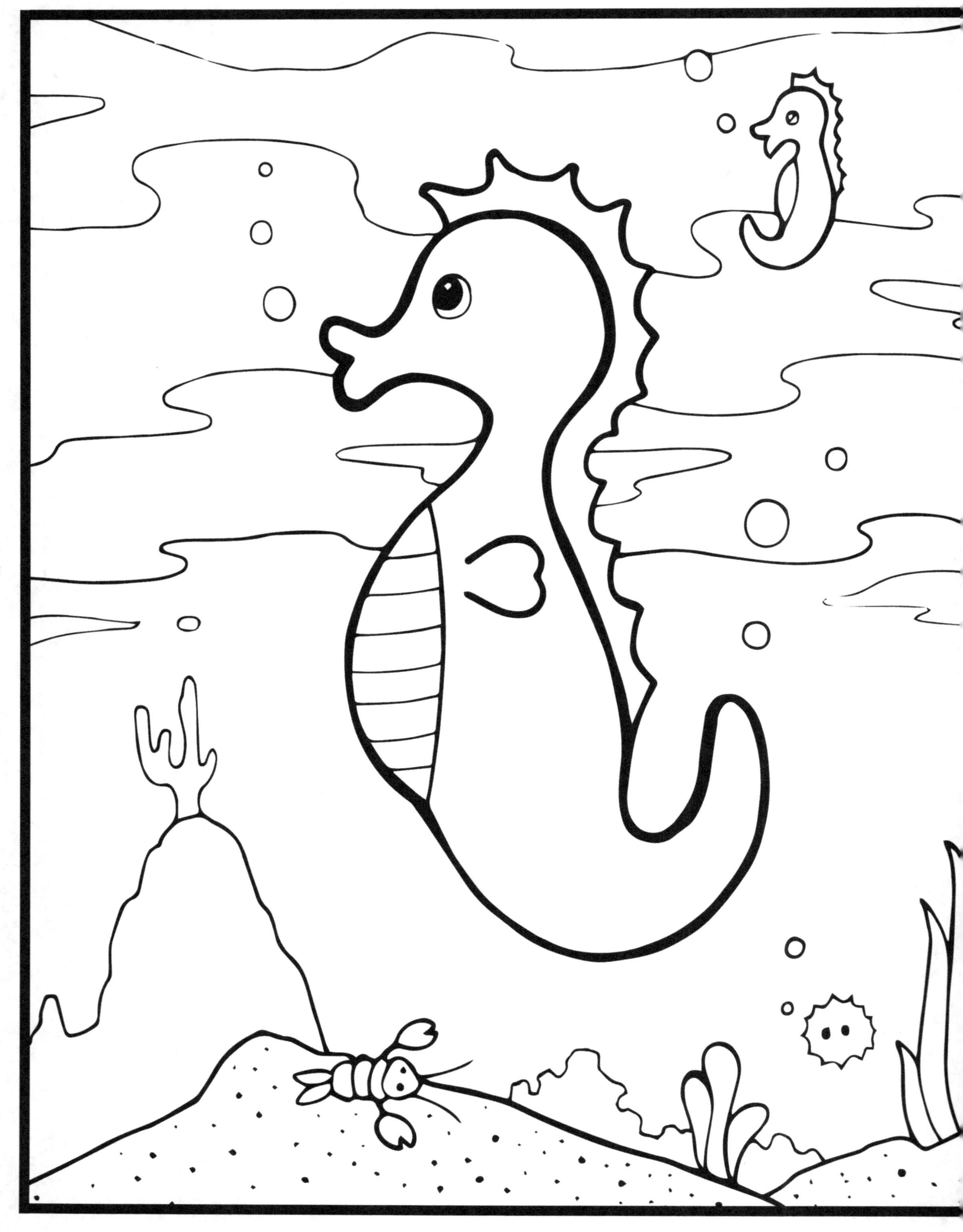

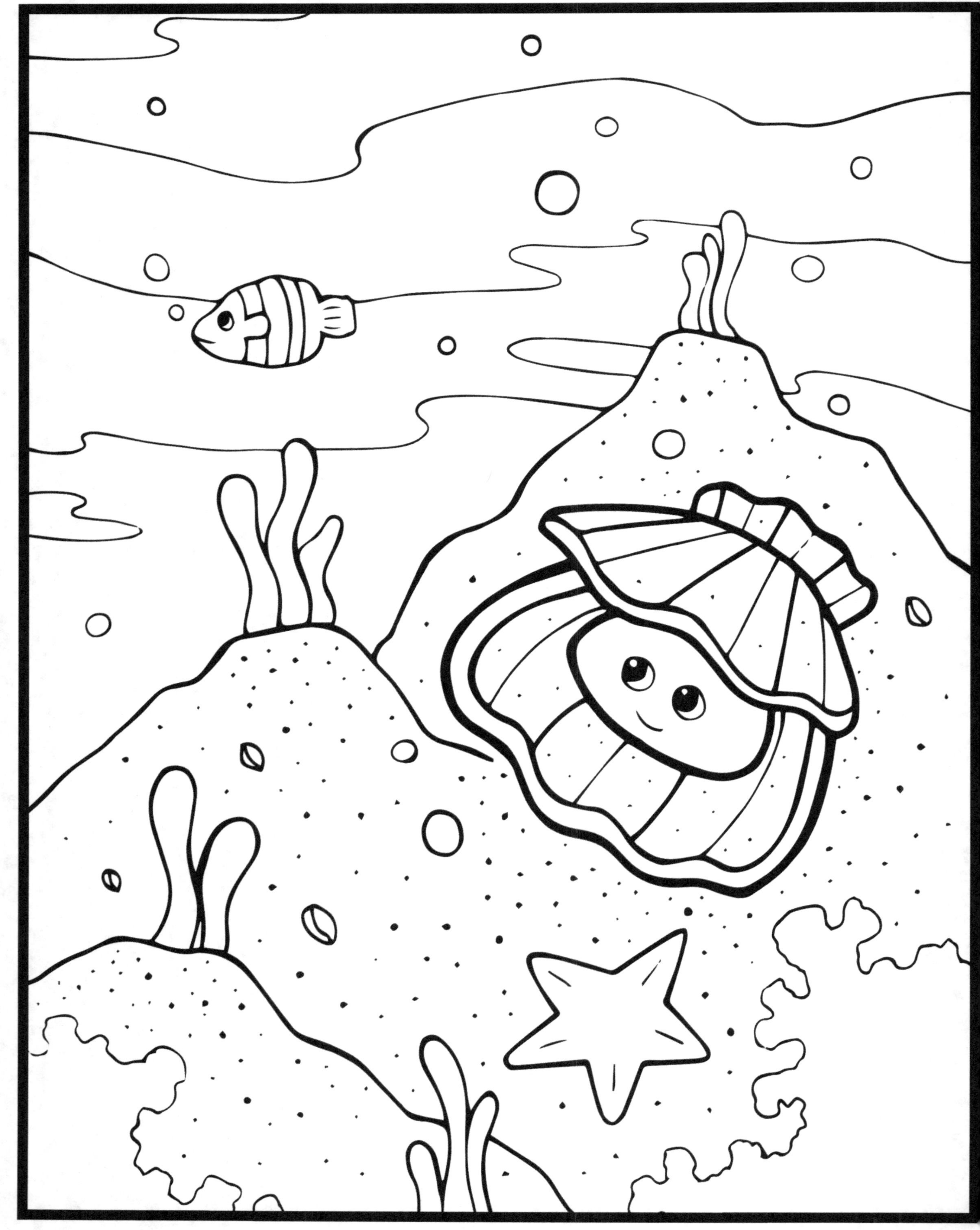

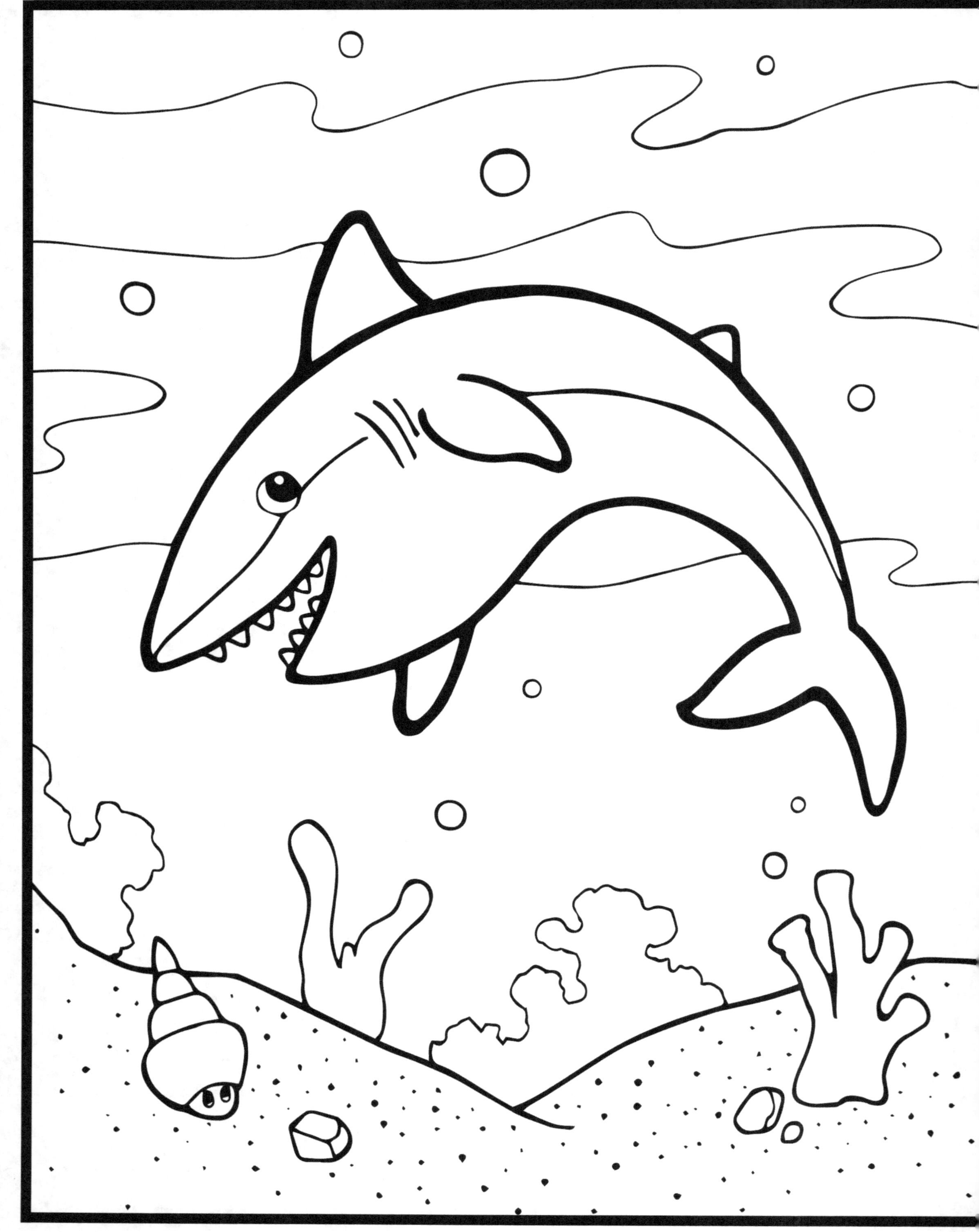

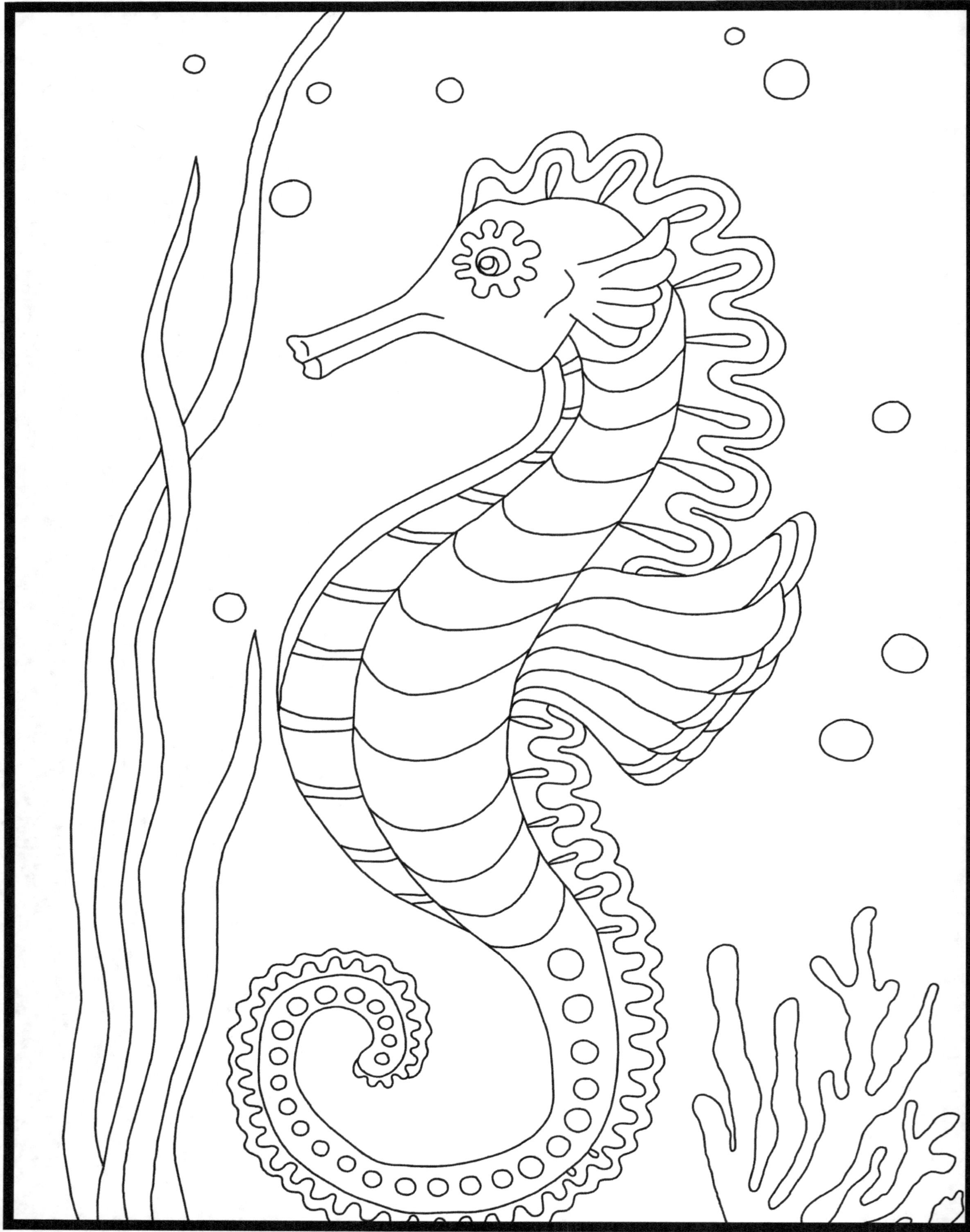

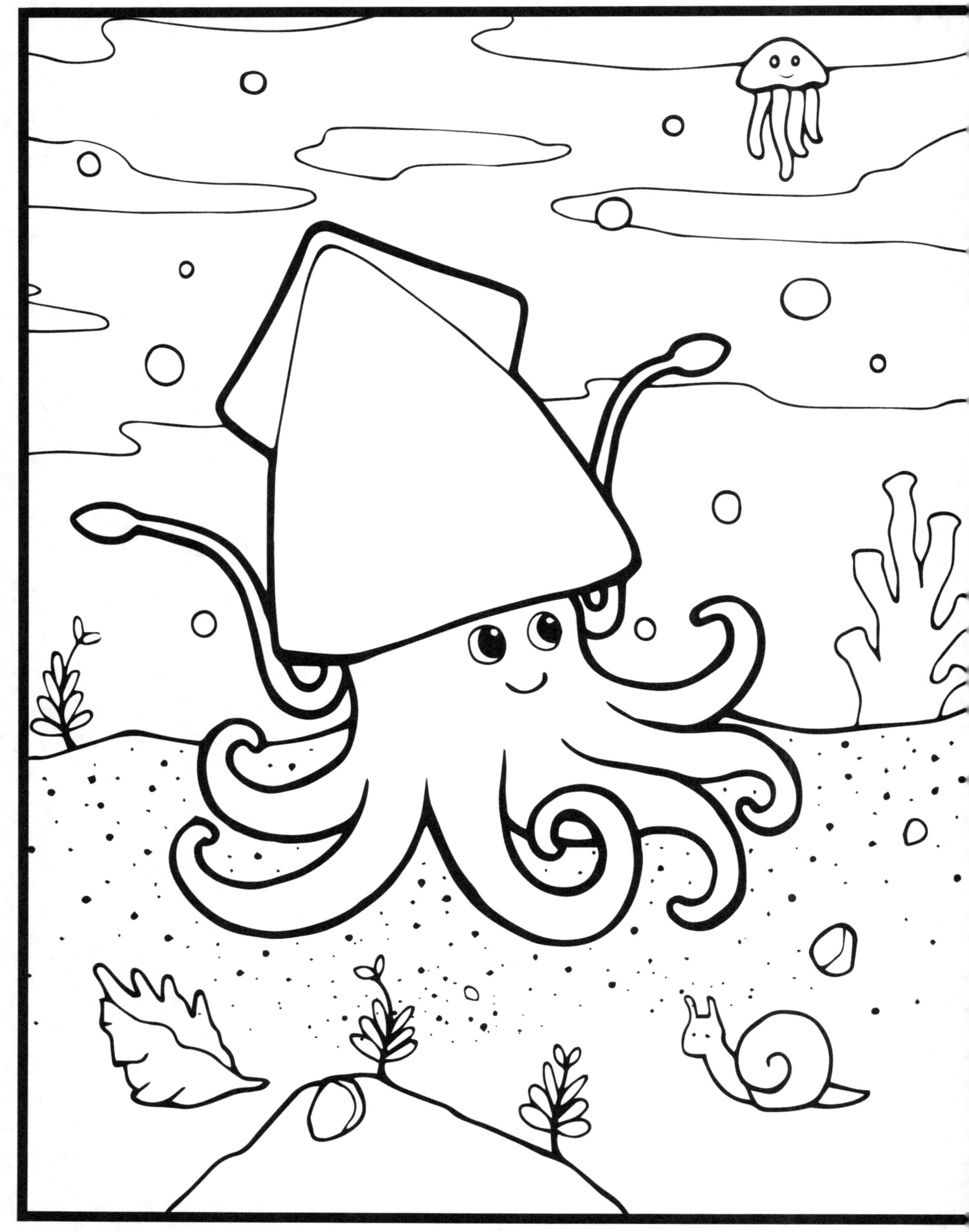

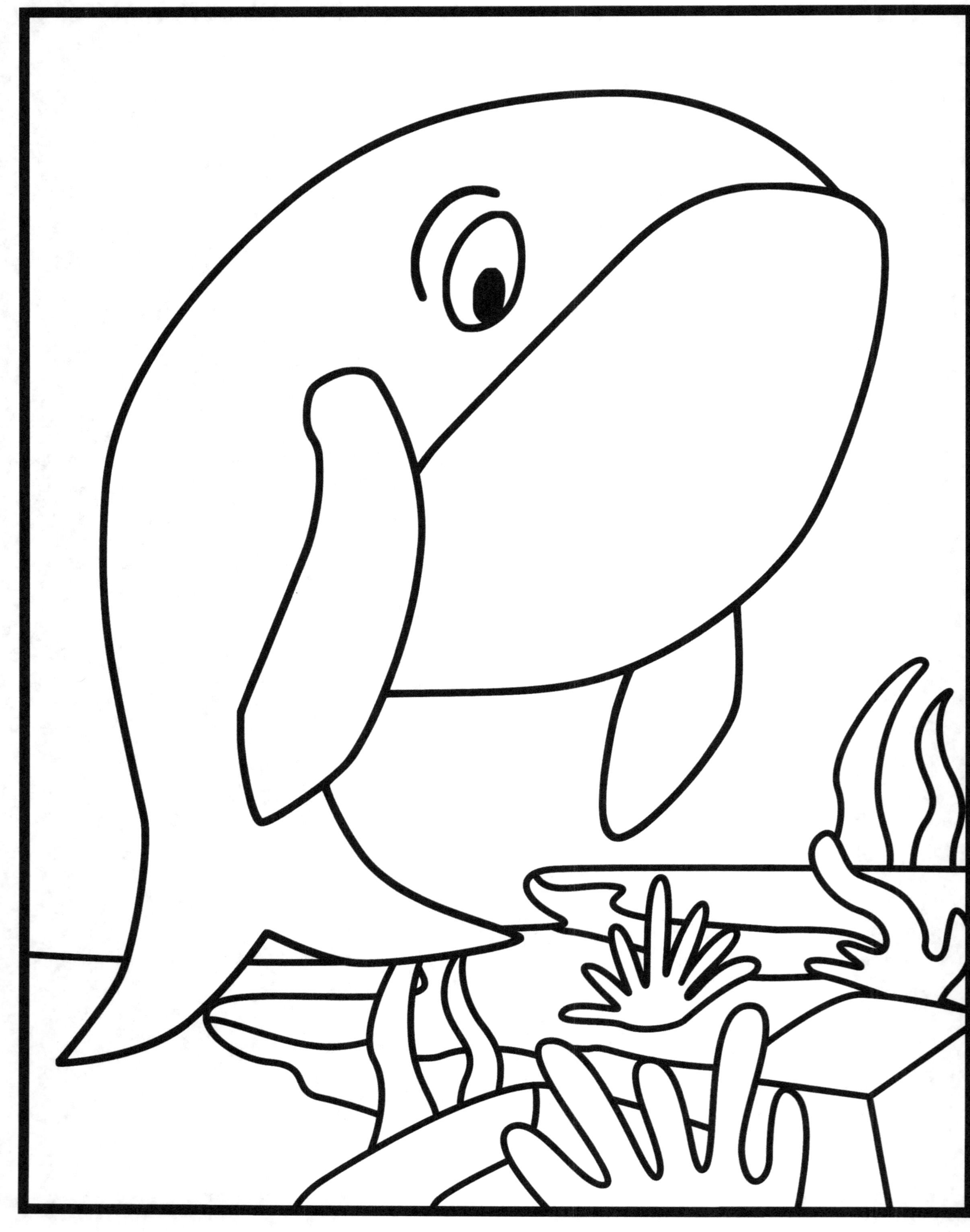

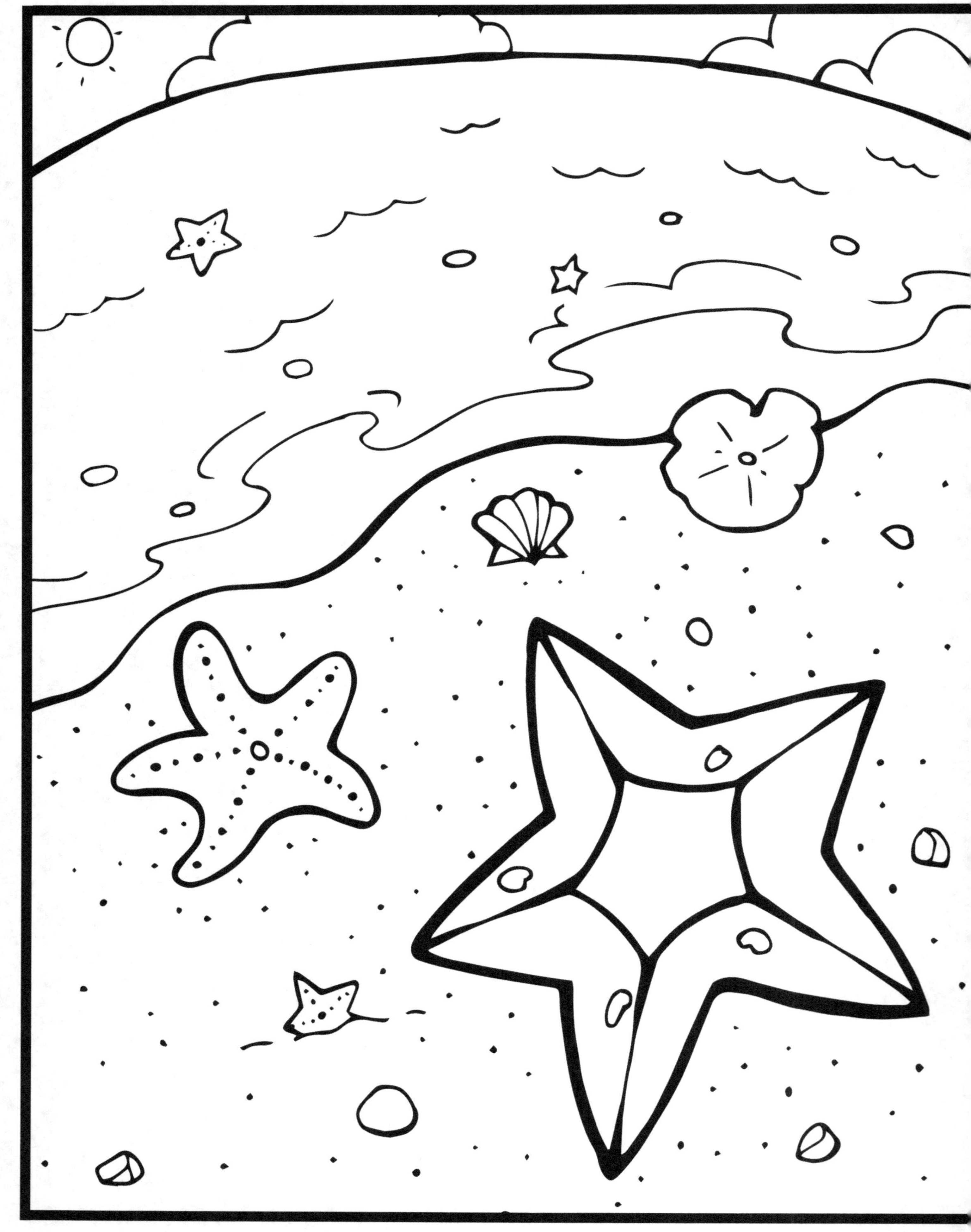

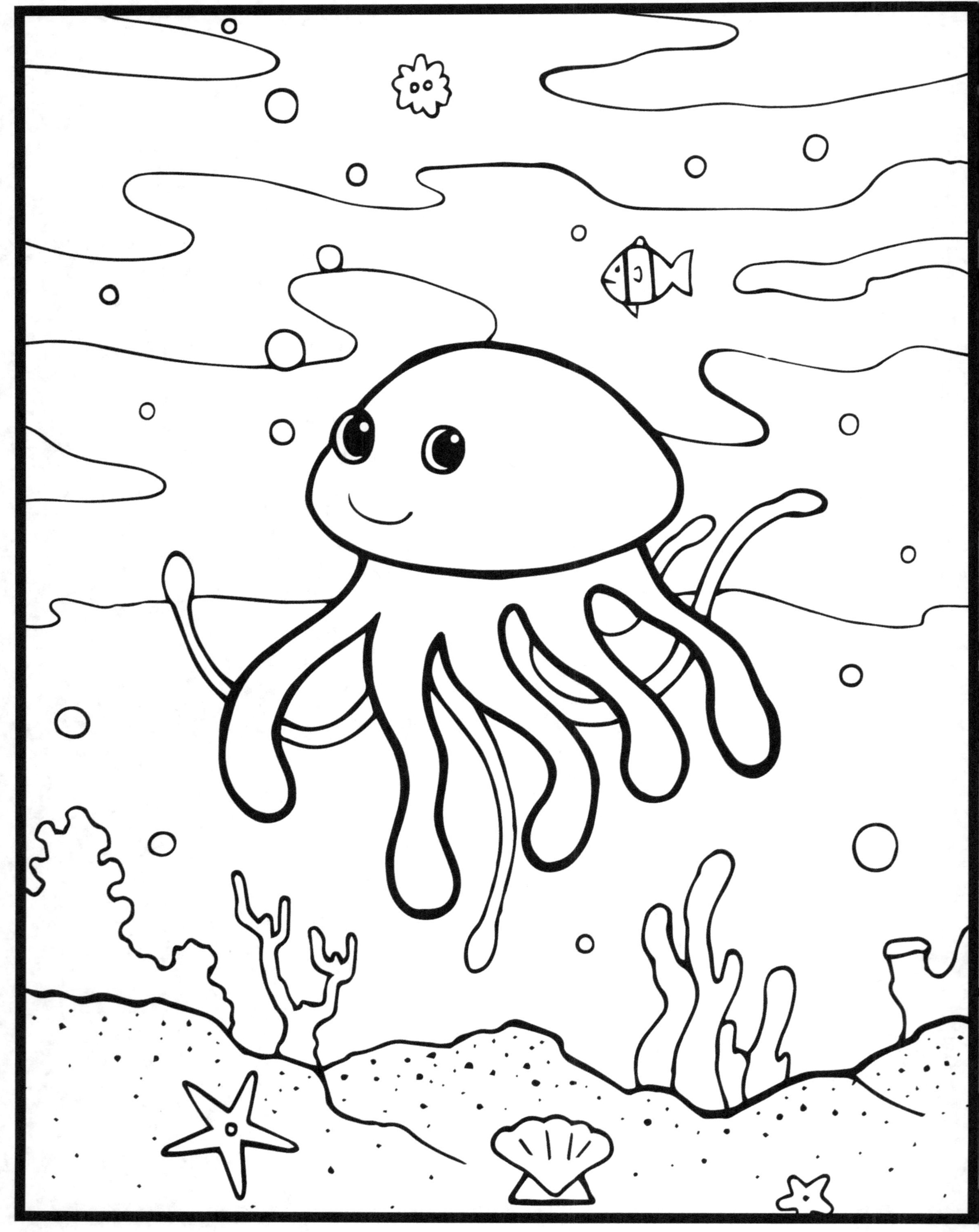

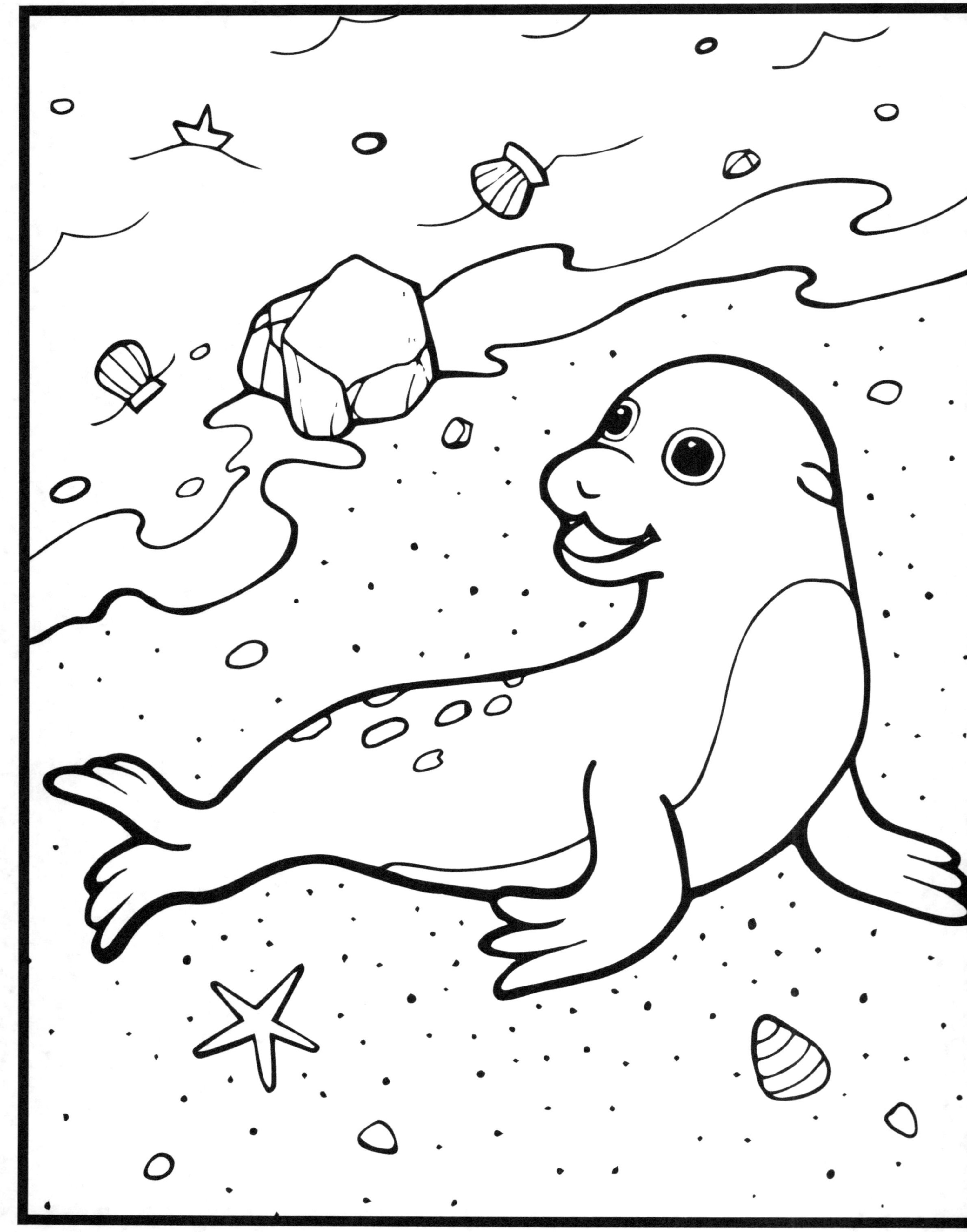

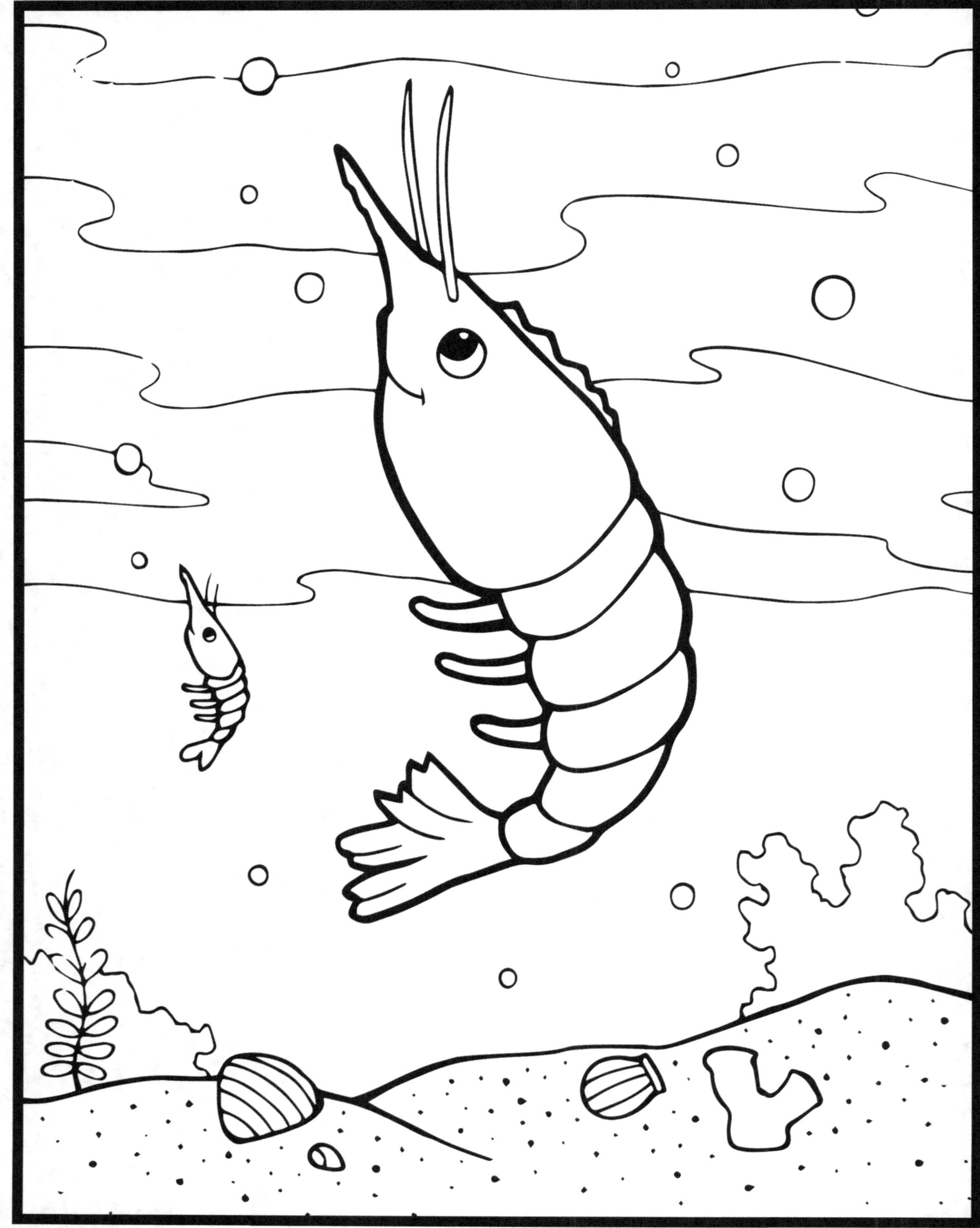

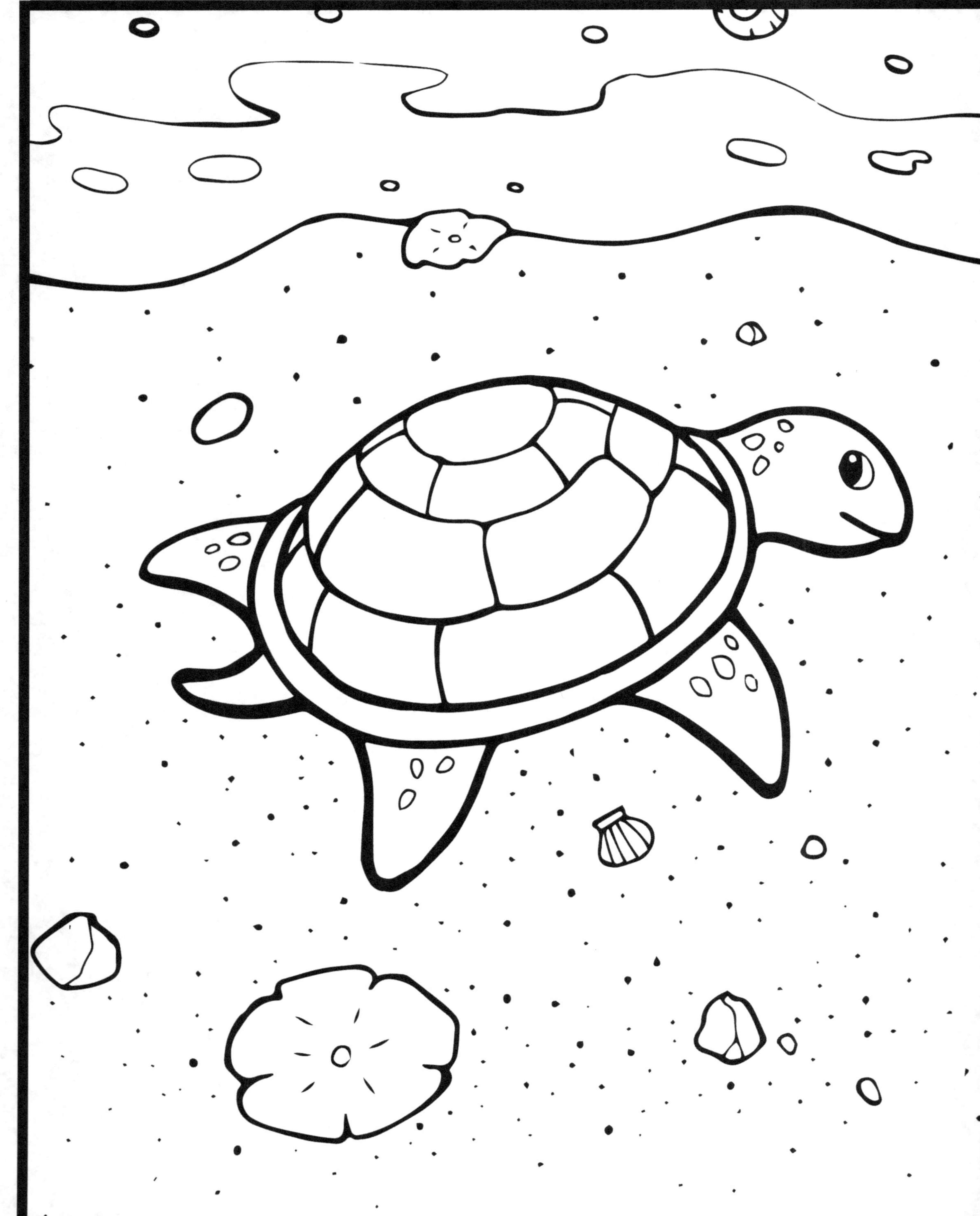

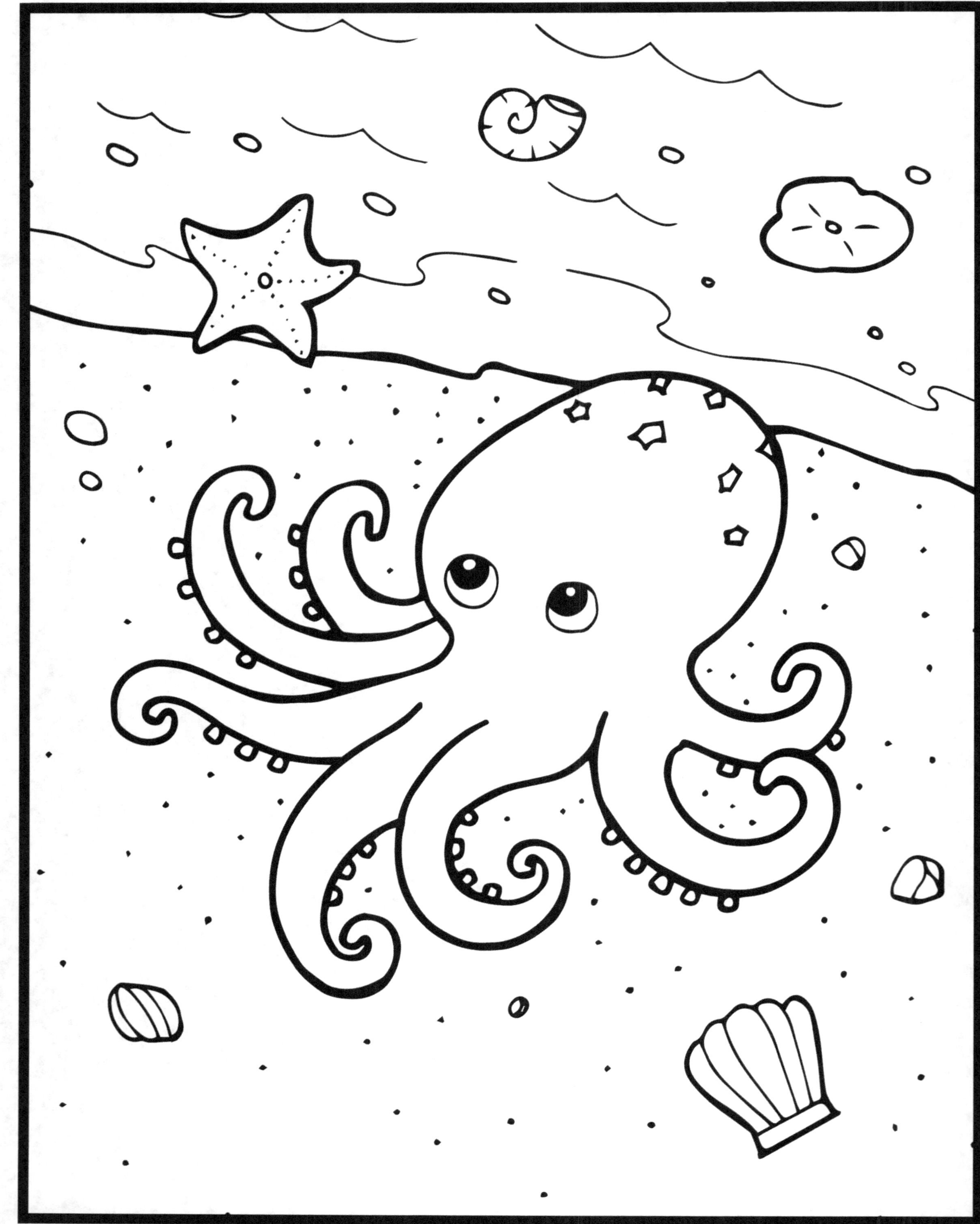

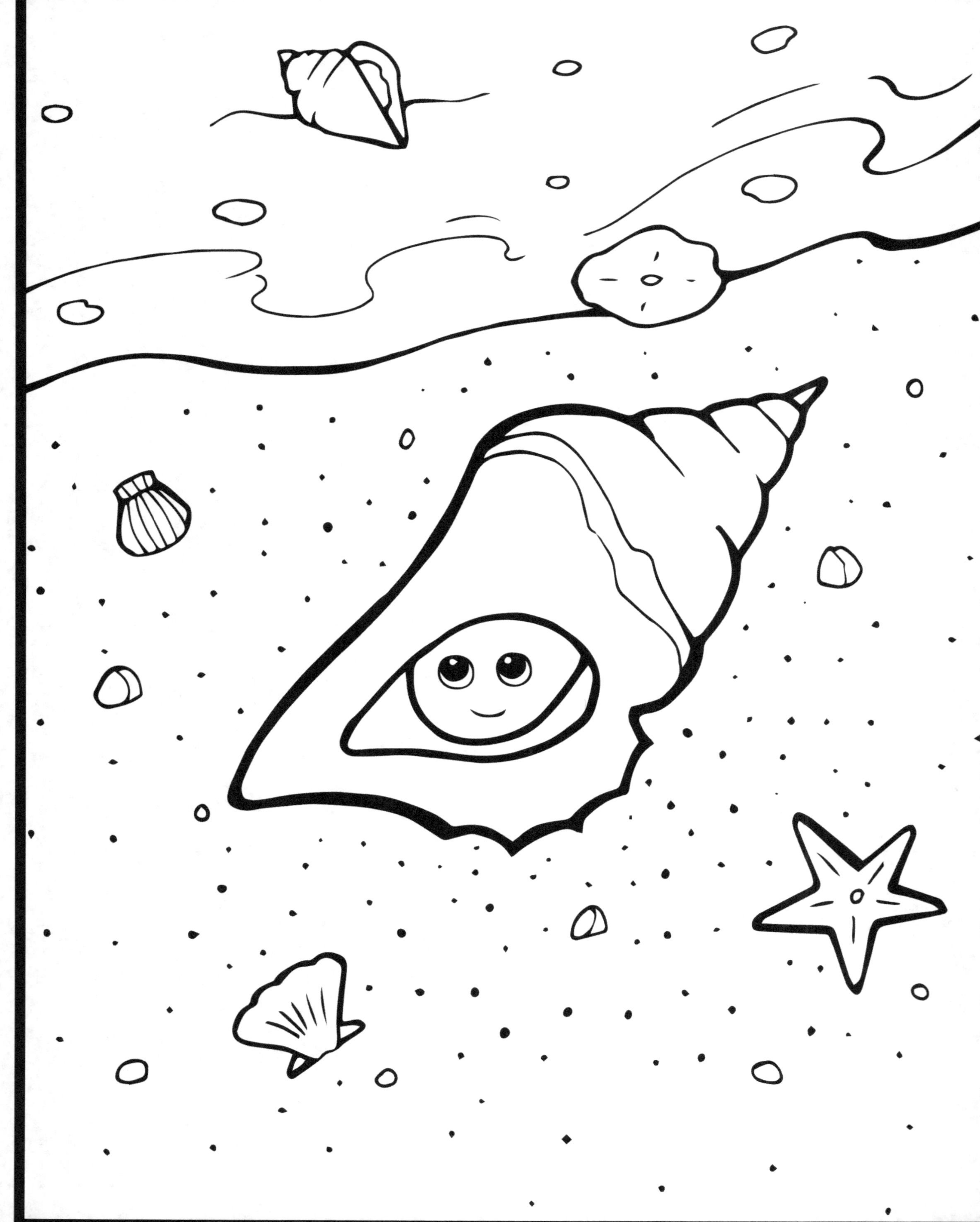

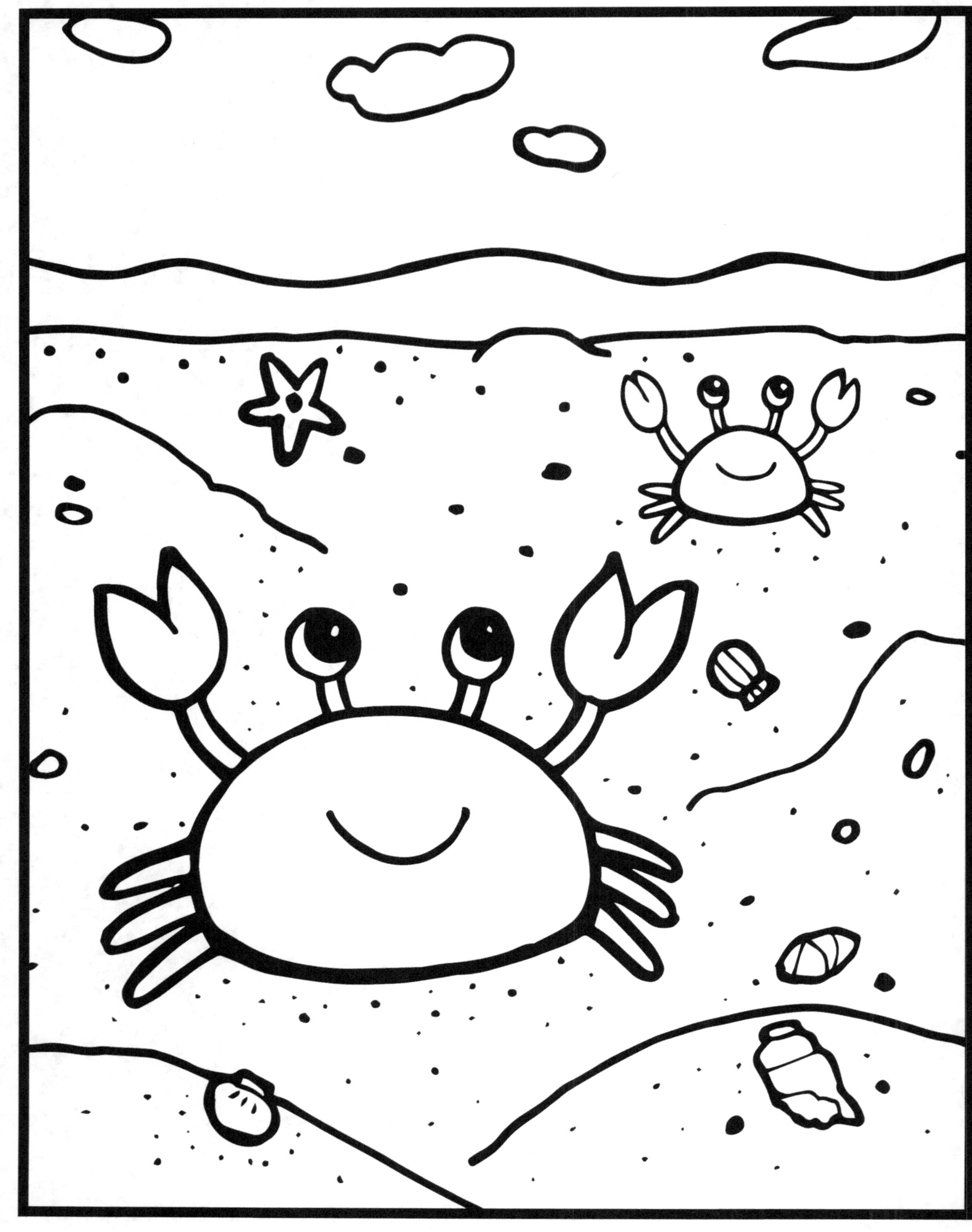

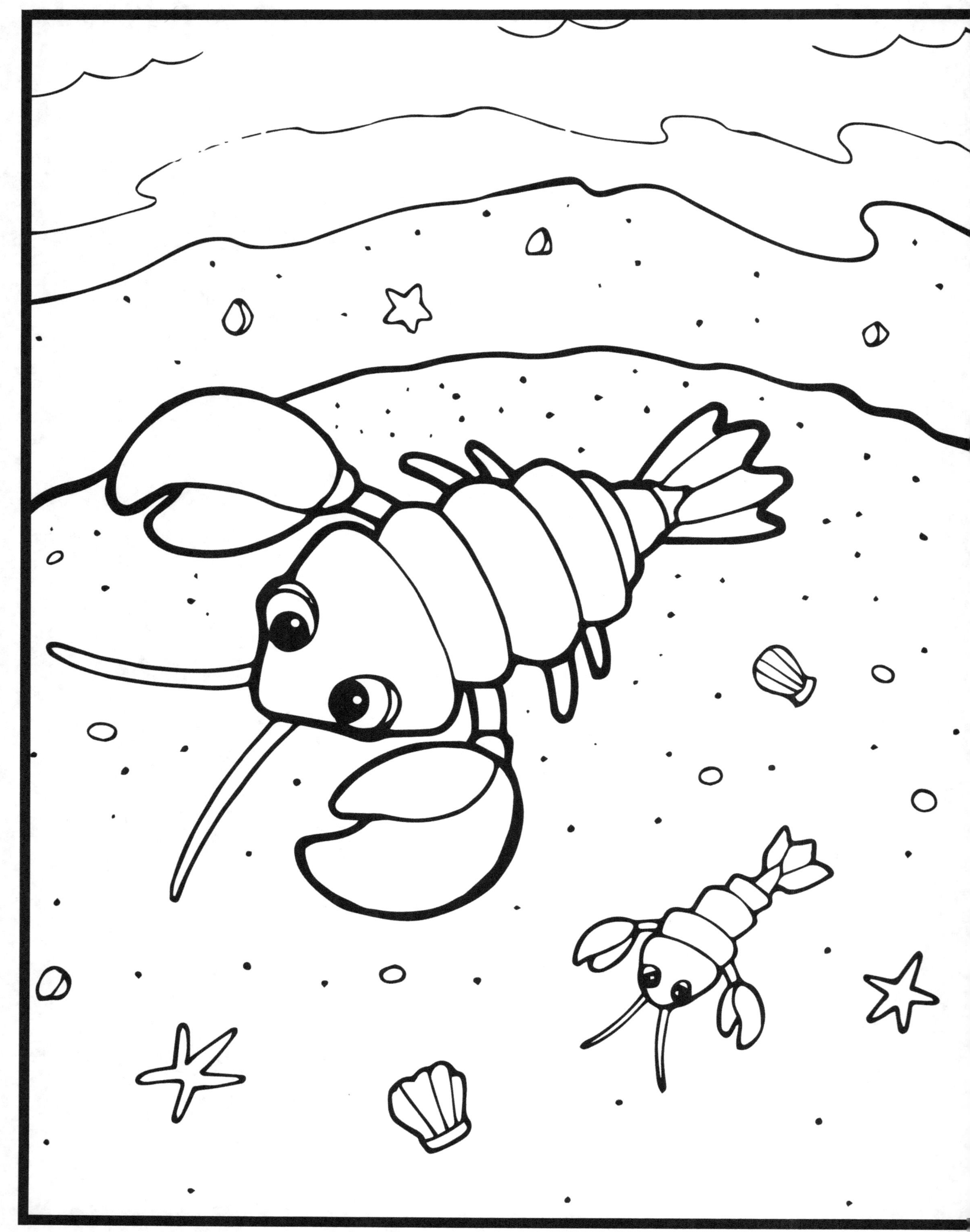

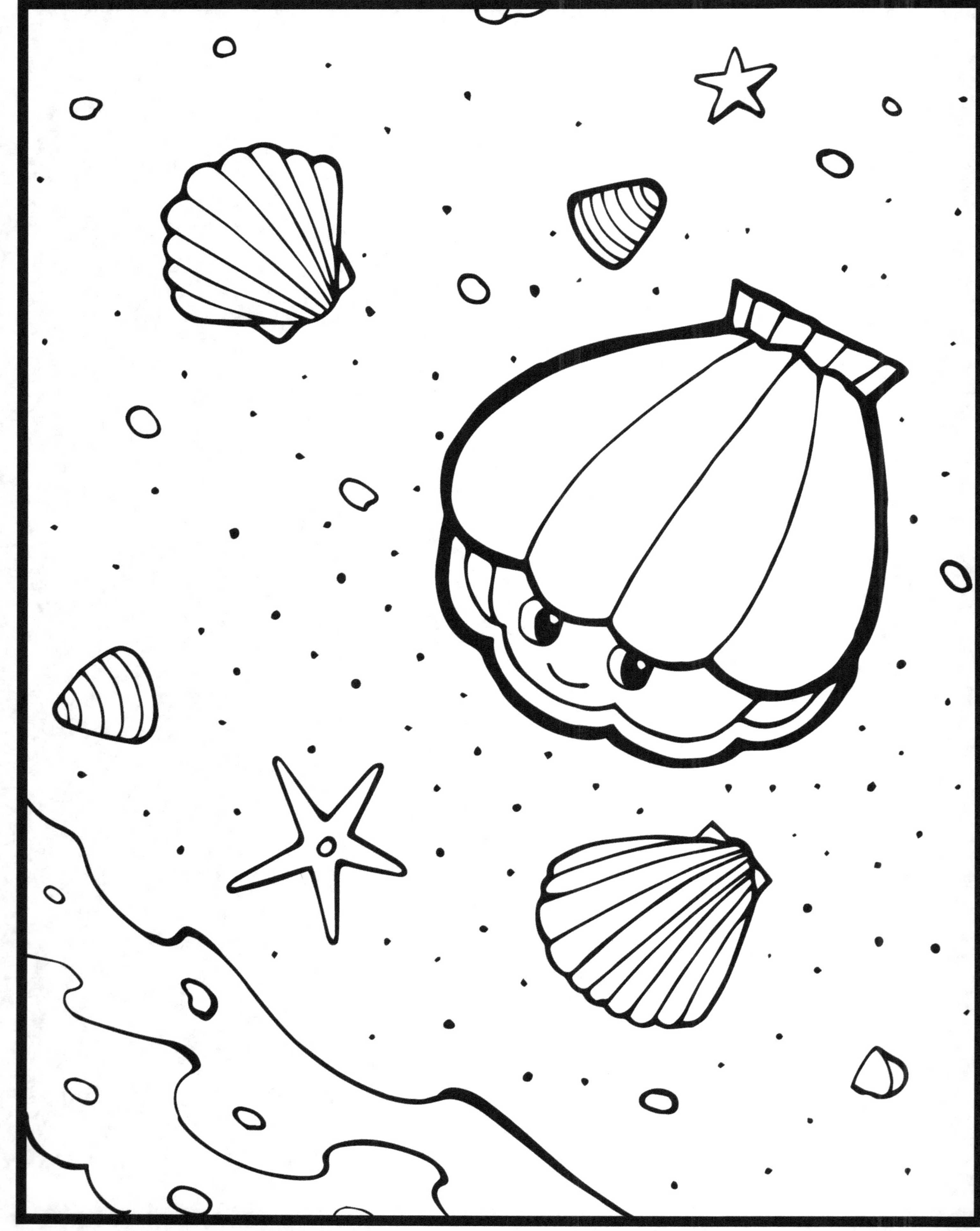

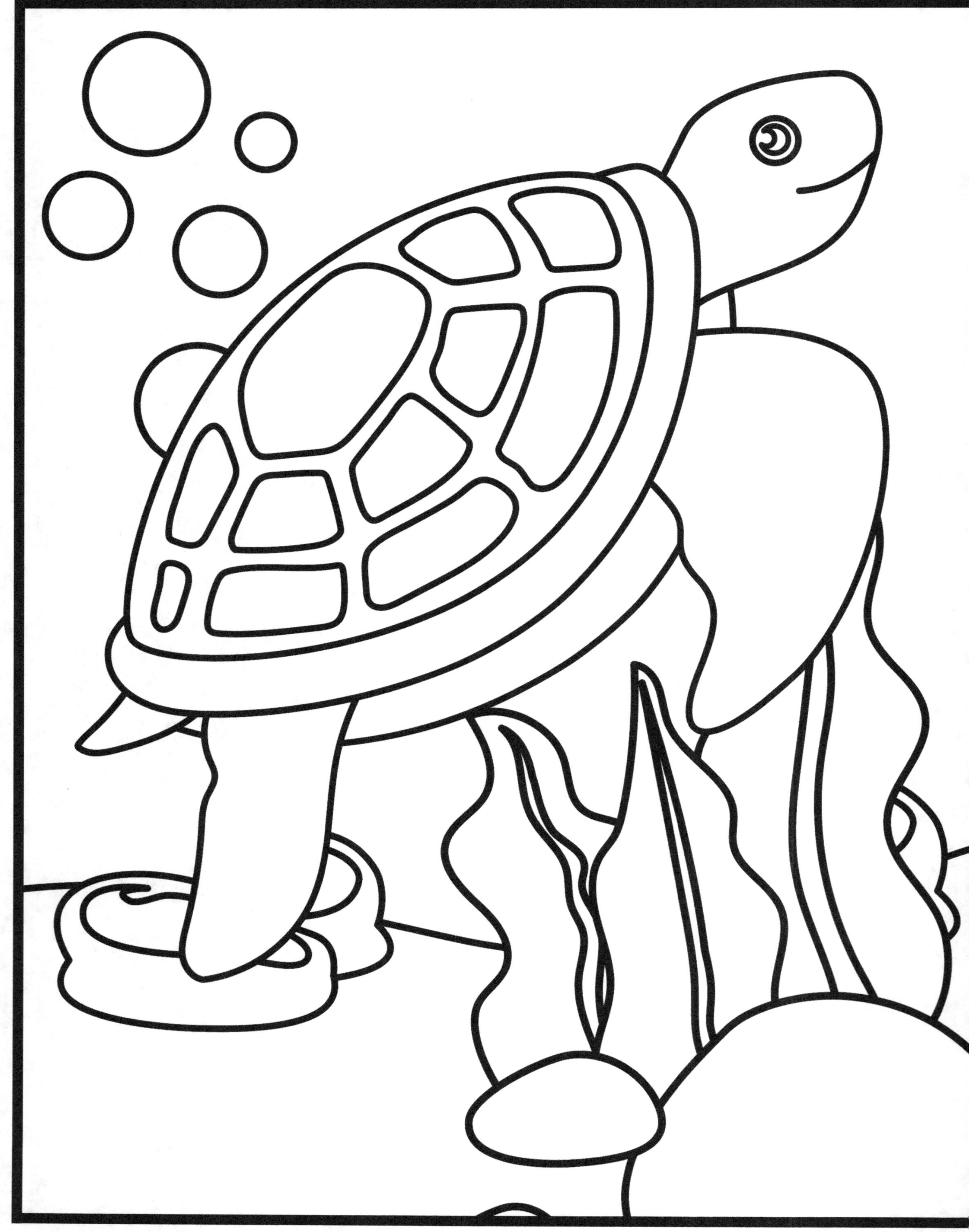

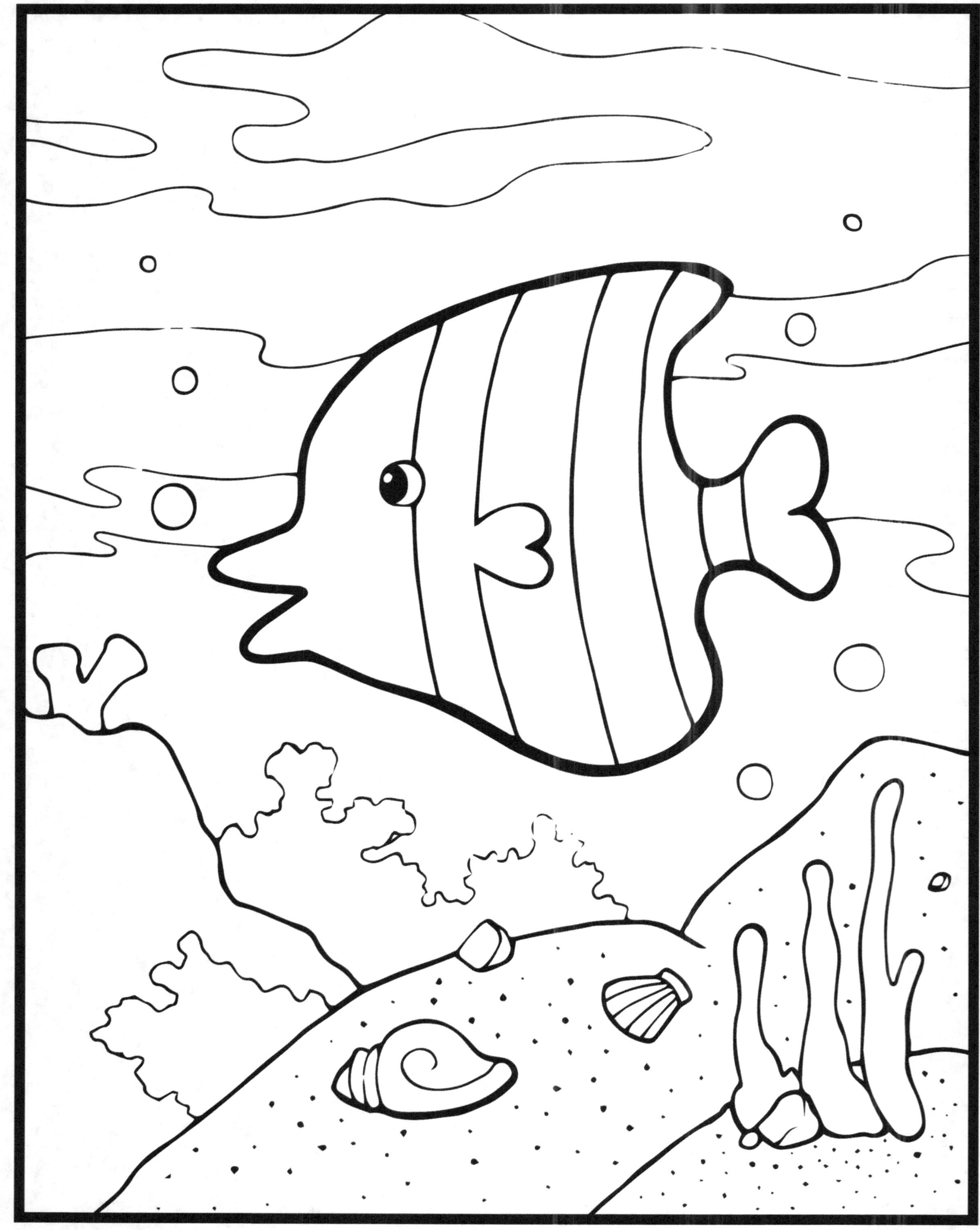

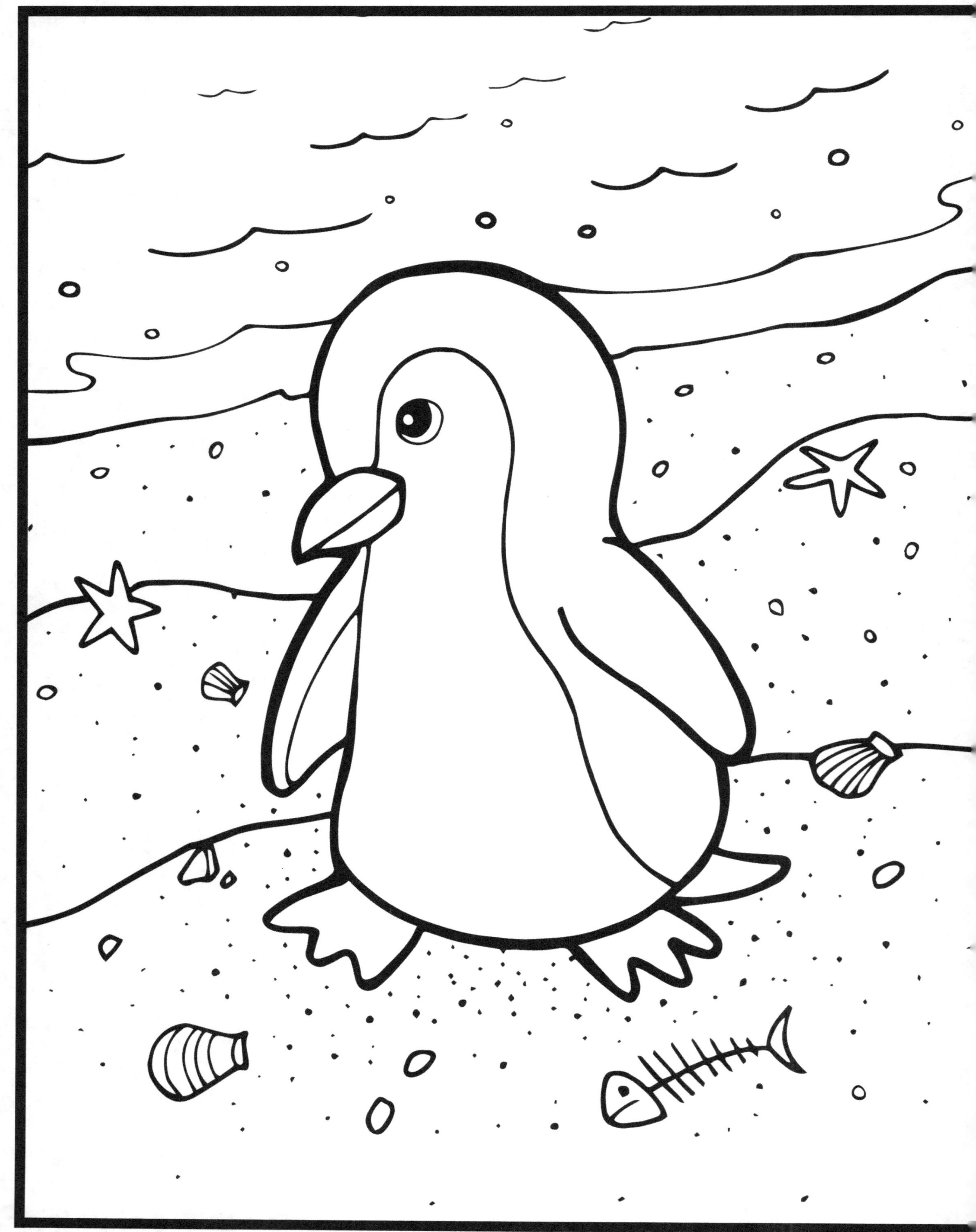

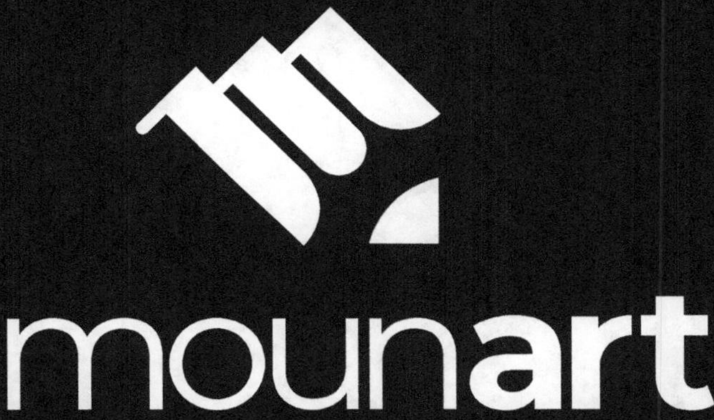